ADA MAGNÍFICA, CIENTÍFICA

INVESTIGA

¡TODO SOBRE VOLAR!

Andrea Beaty y Dra. Theanne Griffith

Beascoa

Para Ezra. Bienvenido al mundo. A. B.
Para ti, Papá. Sé que amas los aviones. T. G.

Originalmente publicado en inglés en 2021 bajo el título
ADA TWIST, SCIENTIST-The Why Files: Exploring Flight!
por Amulet Books, un sello de ABRAMS, Nueva York.

Primera edición: octubre de 2022

8950 SW 74th Court, Suite 2010
Miami, FL 33156
Publicado por Beascoa,
una división de Penguin Random House Grupo Editorial

Traducción: 2022, Dra. Alexandra de Castro
Diseño de cubierta: Charice Silverman
Ilustraciones: Steph Stilwell

Las siguientes fotografías fueron tomadas de Shutterstock.com. Portada: colibrí, photomatz; cometa, Photo Melon; helicóptero, mezzotint; textura de fondo, Wasan Srisawat. Contraportada: sujetapapeles y nota adhesiva, Green Leaf. Página 2: Aui Meesri. Página 3 (arriba): Maryna Pleshkun; (abajo): SergeyIT. Página 4: photomatz. Página 5: Photo Melon. Páginas 10, 14, 15: Lovely Bird. Página 13: Potapov Alexander. Página 15: J. Borris/Mauritius Images. Página 18: JenJ Payless2. Página 20: Eric Isselee. Página 25: Skycolors. Página 27: Plam Petrov. Página 28, 29 (abajo): Sergey Novikov. Página 33: Alones. Página 34: photowind. Página 35: Vera Larina. Página 40: Fauzan Maududdin. Página 41: Richard Cook. Página 42: Marco Tulio. Página 45: ohenze. Página 46: Doglikehorse. Página 51 (arriba): Petr Simon. Página 52: Photos SS. Página 53 (abajo), 68 (abajo), 77, 79: Green Leaf. Página 55: mezzotint. Página 60: Jimmy Lu. Página 61: Ciprian Stremtan. Página 62: elitravo. Página 64: wewi-photography. Página 65: Fexel. Página 69: Roman Khomlyak.

Impreso en México / *Printed in Mexico*

ISBN: 978-1-64473-702-6

22 23 24 25 26 10 9 8 7 6 5 4 3 2 1

¡Hoy es un día perfecto!
El cielo está azul y despejado.

Si miro hacia arriba, ¿podré ver el espacio exterior? ¡NO!

¡Tengo una observación!
¡Veo aviones! ¡Aves! ¡Abejas!
¡Cohetes! ¡Arañas!

¡¿QUÉ?!

¿CÓMO VUELAN TODAS ESTAS COSAS?

¡Es un misterio! ¡Una adivinanza!
¡Un rompecabezas! ¡Una investigación!
¡Es hora de aprender todo
sobre volar!

Volar es cuando algo se mueve sin tocar nada en la Tierra. Cuando un objeto vuela en el aire, se conoce como **aviación**. Cuando vuela en el espacio exterior se conoce como **vuelo espacial**.

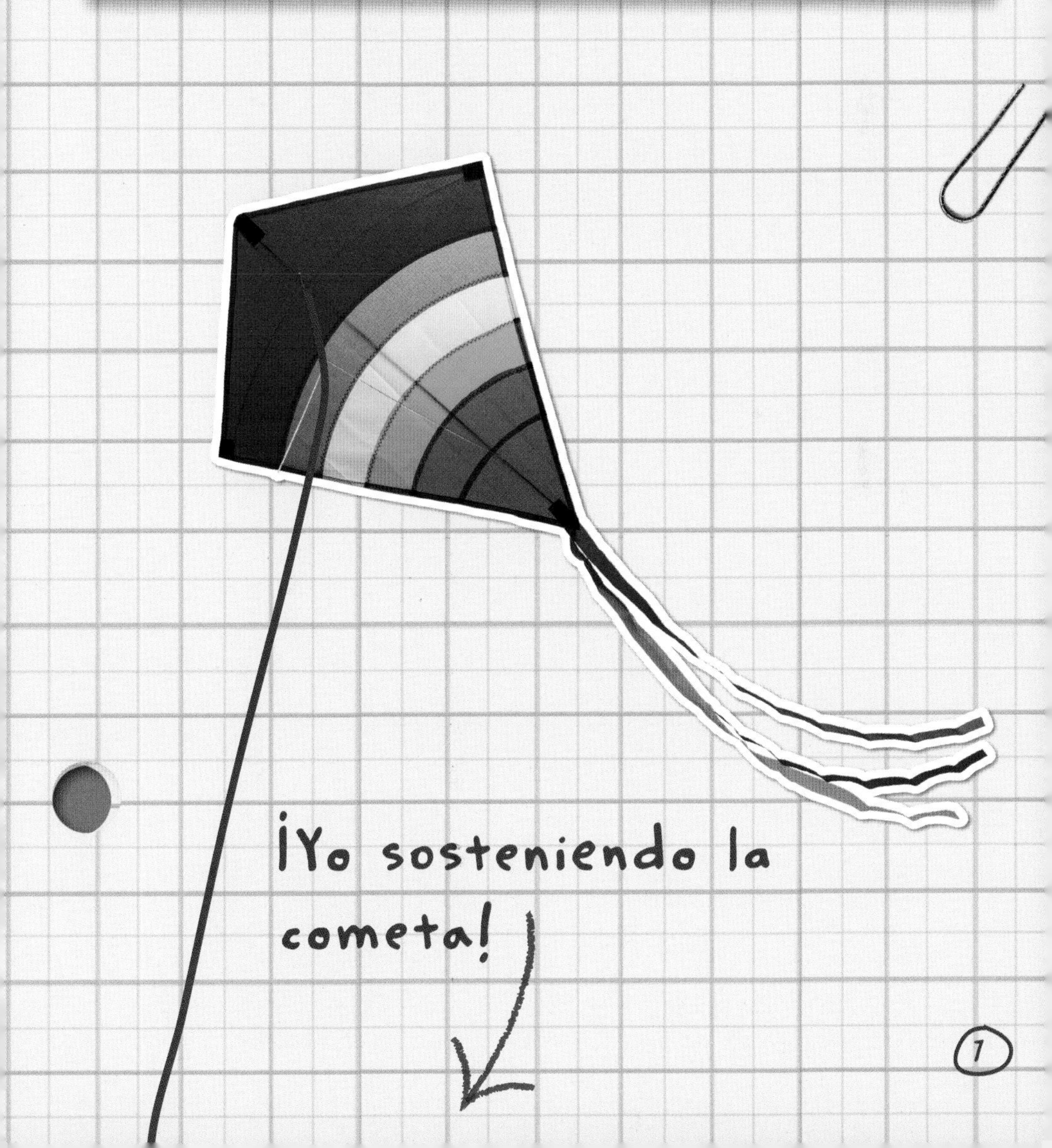

Un objeto necesita de **fuerza** para volar. Una fuerza es un empujón o un halón que cambia la velocidad, forma o dirección de un objeto. En el vuelo participan cuatro fuerzas.

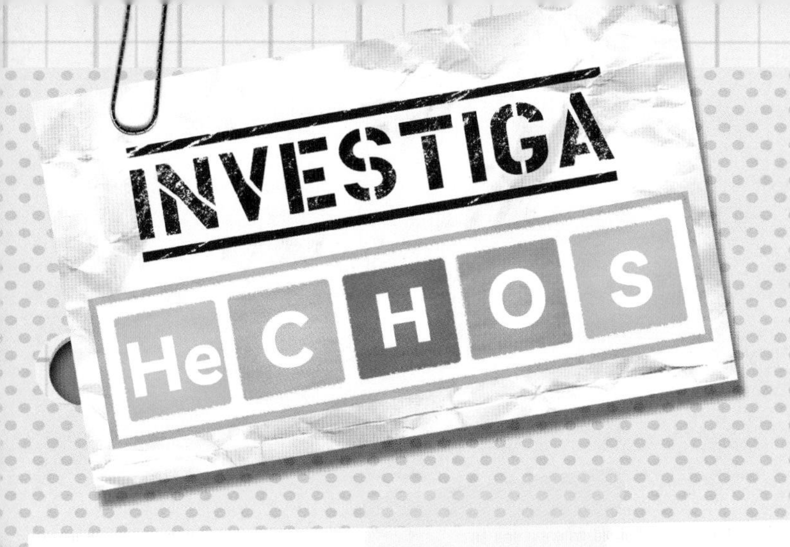

Las CUATRO FUERZAS del VUELO

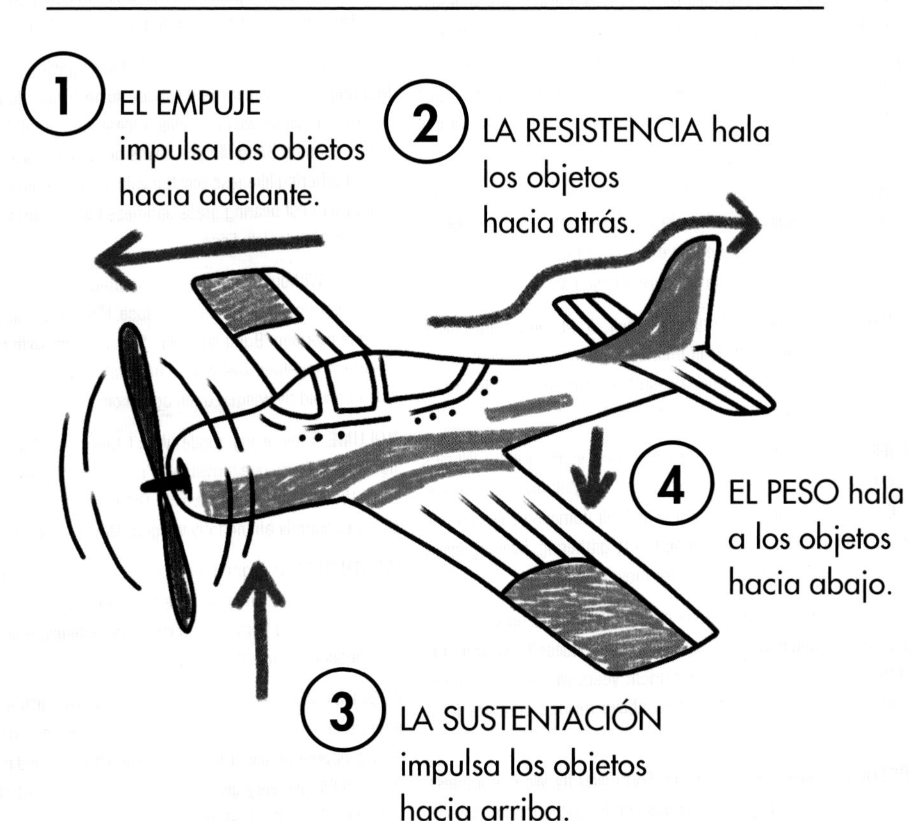

Cuando nos columpiamos, podemos sentir que estamos volando. Un amigo nos **empuja** y somos impulsados hacia adelante mientras la **sustentación** nos eleva en el aire. Nuestro **peso** nos hala hacia abajo y la **resistencia** hace que seamos arrastrados hacia atrás.

Hoy, un gran pájaro aterrizó cerca de mí. Lo miré y me miró.

Él agitó sus alas. Yo agité mis brazos. Uno de los dos se fue volando.

Pista: ¡No fui yo!

¿POR QUÉ NO PUEDO VOLAR COMO UN PÁJARO?

¡Mira! ¡Un pájaro!
(Un poema de Ada Magnífica)
Mientras miraba al cielo
grande y azul,
un ave pasó en su vuelo.
¡Ahora tengo preguntas!
Quiero saber por qué
y cómo lo logró.
¿Por qué no puedo yo?

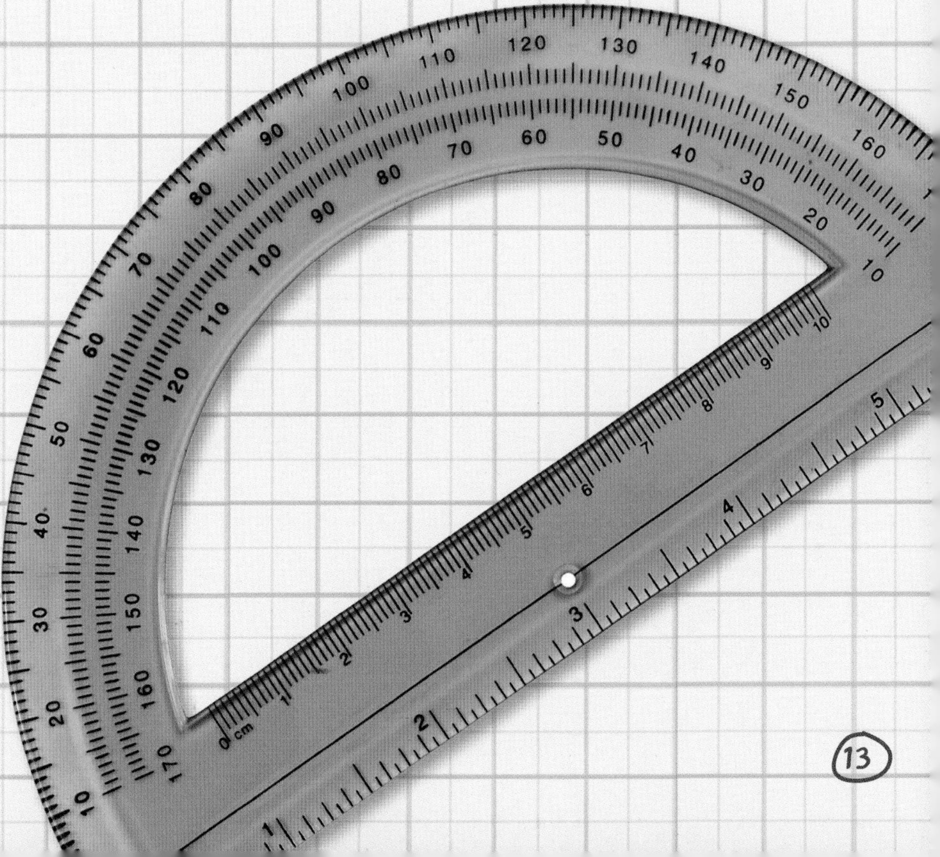

¡Las aves vuelan usando el empuje, la sustentación, el peso y la resistencia! Las alas de las aves voladoras son curvas por encima y planas por debajo. Esta forma se llama **perfil aerodinámico**.

El perfil aerodinámico hace que, encima del ala, el aire se mueva más rápido que debajo. Esto crea la sustentación, que impulsa al ave hacia arriba. Cuando un ave aletea, produce el empuje que la impulsa hacia adelante.

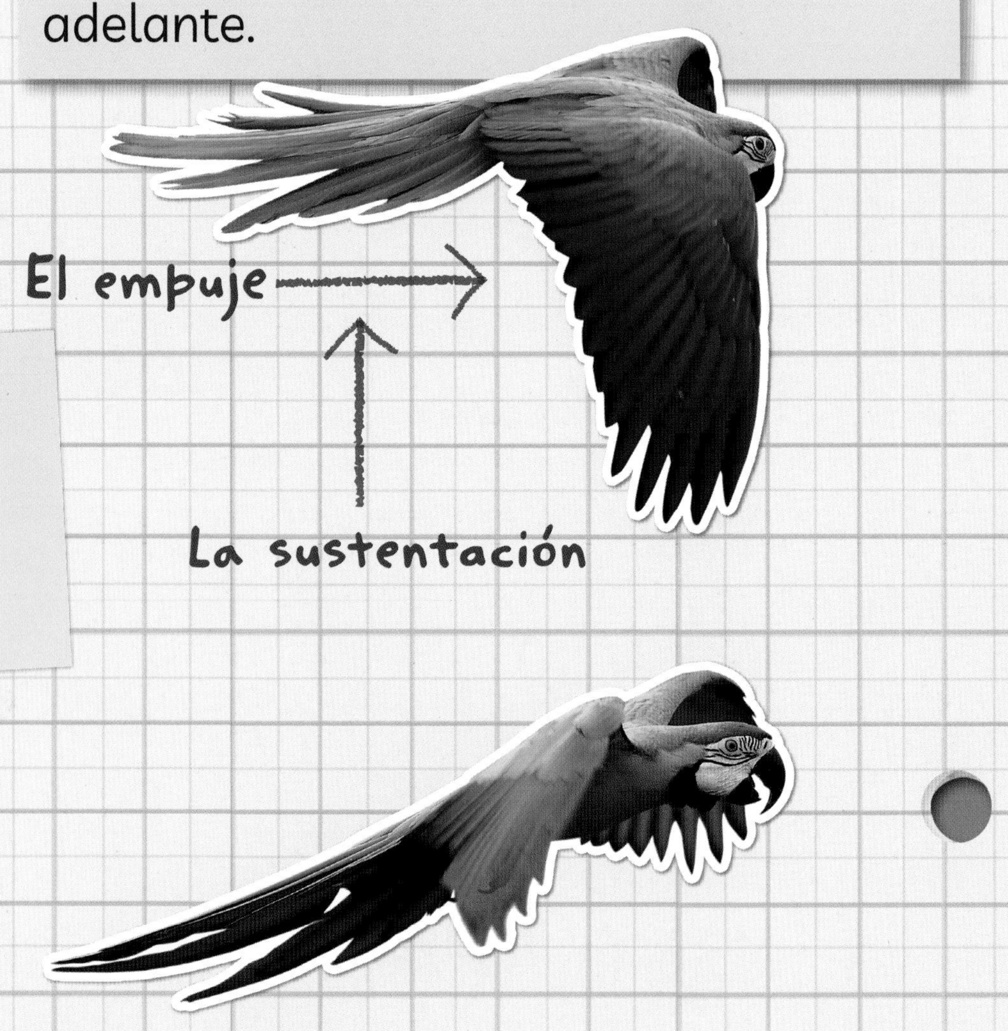

¡Bip, bip! Voy pasando.

Durante el vuelo, la sustentación es más fuerte que el peso que hala al ave hacia abajo por la gravedad de la Tierra. Las aves también usan sus alas para crear resistencia y dejar de volar. Cuando un ave levanta sus alas, el aire alrededor de ella se mueve más lento. ¡Y el ave también!

¿TODAS LAS AVES PUEDEN VOLAR?

Las alas de los pingüinos son planas. Por eso no pueden crear sustentación, pero sí usarlas como aletas. ¡Los pingüinos pueden nadar!

¡NECESITAMOS UNA TORMENTA DE IDEAS!

¿Qué podría hacer volar a un pingüino?

1. Ponerse un sombrero con hélice.

2. ¡Yo podría hacerle unas alas de loro para que aletee, aletee, aletee!

3. Comprar un boleto de avión en la Aerolínea del Polo Sur.

Los kiwis son aves que viven en Nueva Zelanda. No pueden volar porque sus alas son demasiado pequeñas y no tienen la forma adecuada. ¡Pero pueden caminar!

También se llaman kiwis unas frutas verdes con semillas por dentro. ¡Ellas tampoco pueden volar!

Los aviones son grandes. No construyen nidos, no pían ni tienen plumas. Los aviones ni siquiera agitan sus alas.

¡Las alas de los aviones tienen la forma de las alas de un ave! ¿Pero cómo se empujan hacia adelante? ¿Los aviones agitan sus alas? ¡No!

Los aviones y sus alas están hechas de metal. El cuerpo de metal de un avión pesa más que el de un ave. Los aviones usan motores muy grandes para crear empuje. Los aviones deben ir muy rápido para que sus alas puedan producir sustentación y elevarse. ¡Así, el avión puede despegar!

Los autos también tienen motores para moverse hacia adelante. Pero los autos no tienen alas. Ellos permanecen en el suelo.

Así como las aves, los aviones usan sus alas para hacer resistencia y reducir su velocidad. Cuando un avión necesita aterrizar, baja unas aletas que tiene en sus alas para ir más lento. ¡Un aterrizaje suave!

¡Tú también puedes sentir la resistencia! Cuando patinas con las manos abiertas a cada lado, el viento se mueve alrededor de ellas. Cuando las palmas de tus manos miran hacia el suelo, el viento se mueve alrededor de tus brazos. Menos resistencia.

¿Qué pasa cuando giras las palmas de tus manos hacia adelante? ¿Lo sientes? ¡Hay más resistencia! De este modo, es más difícil para el viento moverse alrededor de tus manos. El viento te frena lentamente.

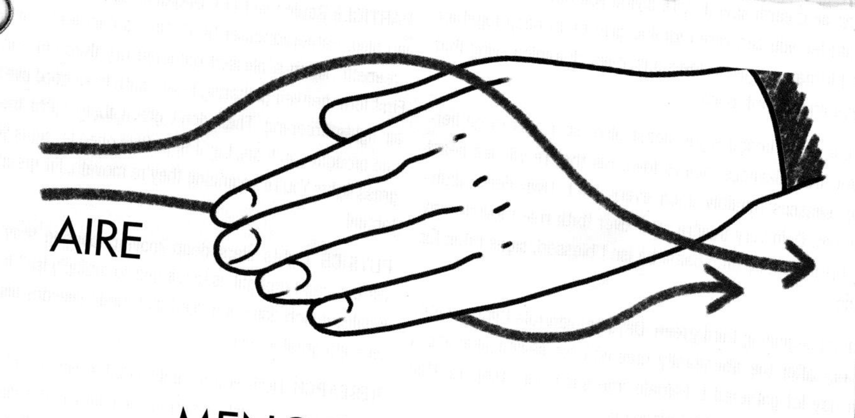

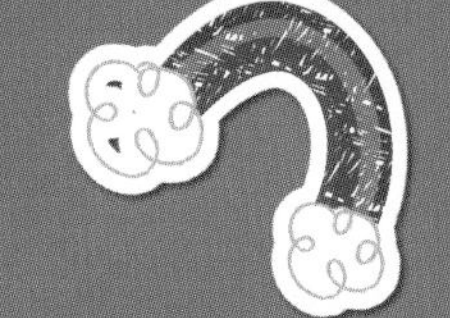

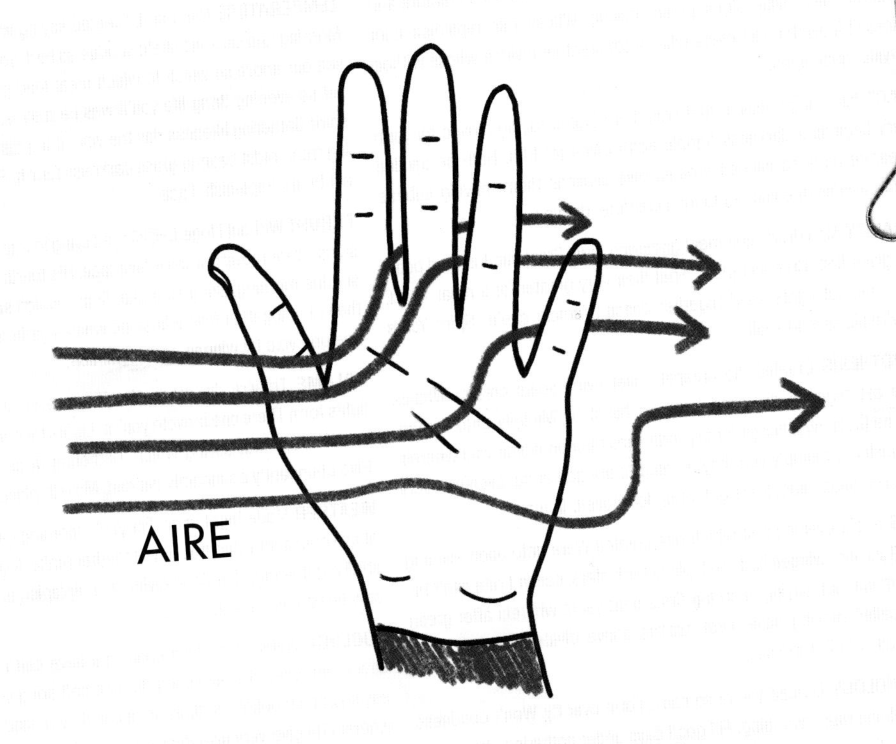

Pero también puedes frenar.

El espacio exterior está muy lejos.

Para llegar, necesito un cohete.

¿CÓMO VUELAN LOS COHETES?

Los cohetes son pesados como los aviones. Necesitan motores grandes y mucho combustible.

Cuando los motores se encienden y el combustible empieza a consumirse, el cohete expulsa gas. El gas empuja con suficiente fuerza para impulsar al cohete hacia el espacio. ¡Despegue!

¡Wiiiiii!

Si un gato se tira un pedo, ¿se impulsará? Si un gato se tira muchos pedos, ¿volará hasta la Luna?

¡No! Ni un pedo grande y ruidoso podría levantar a un gato del suelo. No habría sustentación. El gato solo apestaría.

RRR!

¿Cómo aterrizan los cohetes? La mayoría de los cohetes no aterrizan. ¡Caen desde el espacio! Desde que comenzó el vuelo espacial, los océanos se han estado llenando de cohetes viejos. Eso no es bueno para el planeta. Además, hace que los viajes al espacio sean muy costosos. Por esto, los científicos están pensando en maneras de aterrizar cohetes y así poder usarlos una y otra vez.

Un amerizaje

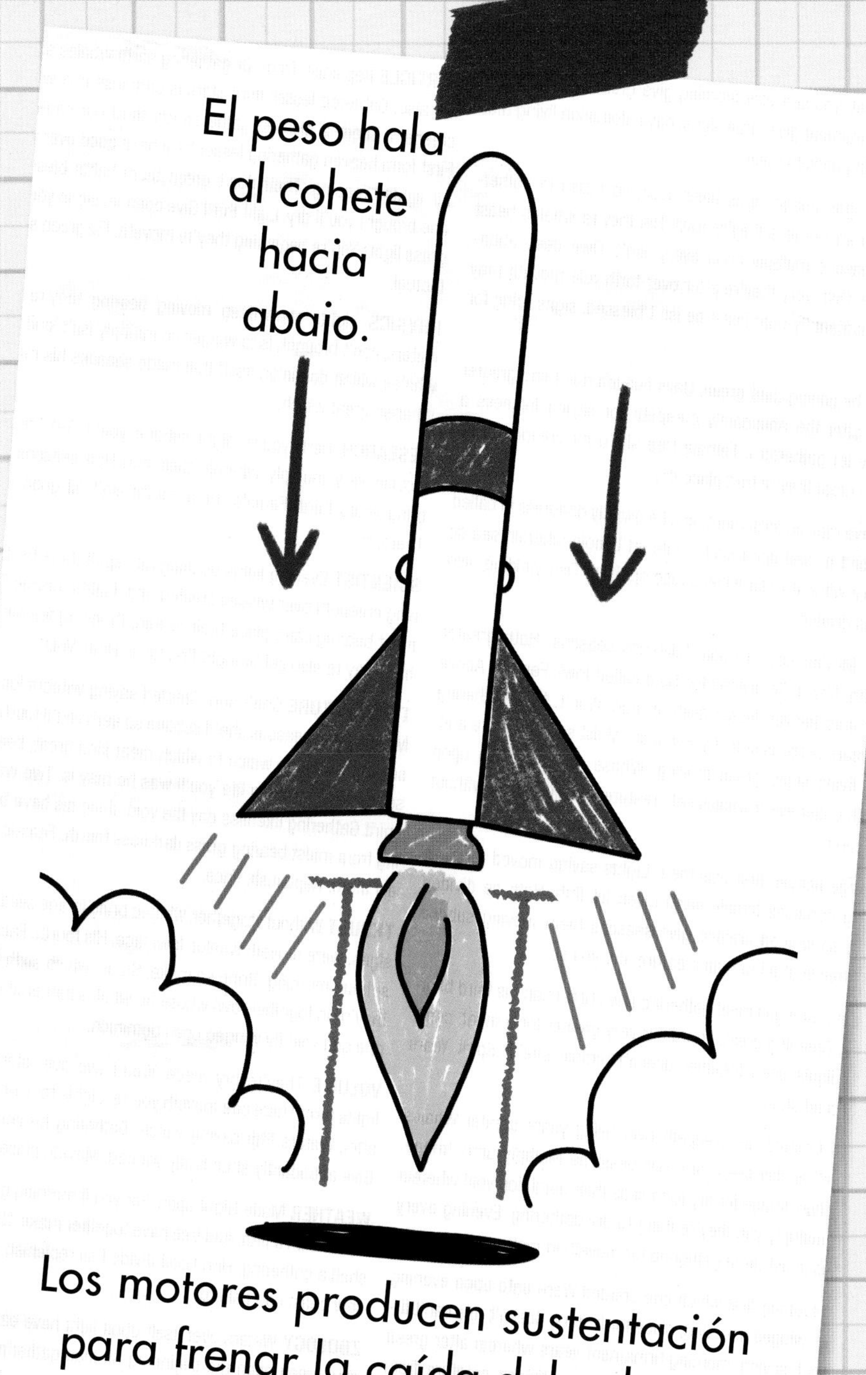

Los motores producen sustentación para frenar la caída del cohete.

¡Las abejas son tan ruidosas!

¡Zzzzz! ¡Zzzzz! ¡Zzzzz!

Ellas son grandes y redondas, y sus alas son pequeñas.

¡Esto fue un misterio por mucho tiempo! Por muchos años, los científicos no creyeron que las abejas pudieran volar. ¿Cómo puede volar algo con un cuerpo grande y alas pequeñas? ¿Cómo hacen las abejas para crear suficiente sustentación? ¿Especialmente cargando todo ese polen? ¿Y cómo se mantienen en el aire mientras vuelan tan lento?

Las abejas no agitan sus alas hacia arriba y hacia abajo como las aves. Las abejas mueven sus alas hacia adelante y hacia atrás, y también hacen girar sus alas. Esto las ayuda a volar lentamente sin que la resistencia las hale hacia atrás.

1
2
3
4
5
6
7
8

¡Pero las abejas no solamente usan sus alas para volar! Tienen unos músculos en su cuerpo que tuercen y giran mientras baten las alas. Todo esto junto, crea mucha sustentación. ¡Más de lo que los científicos pensaban! Cuando las abejas aletean, el aire comienza a dar vueltas debajo. ¡Más y más rápido! ¡Como mini tornados!

¡Fascinante!

¡Un verdadero tornado!

Hace más de un siglo, muchas personas se dedicaron a descubrir cómo volar. Pero no a todo el mundo se le permitía aprender. Las personas afroamericanas y las mujeres no tenían las mismas oportunidades de volar que los demás. ¡Sin embargo, estas increíbles pilotos no permitieron que nadie las detuviera!

Katherine
Johnson

BESSIE COLEMAN fue la primera mujer afroamericana y de ascendencia nativo-americana en obtener su licencia de piloto de avión, en 1921. Aunque era norteamericana, tuvo que viajar a Francia para lograrlo. En aquella época, en los Estados Unidos, a las mujeres no se les permitía convertirse en pilotos de avión. Y era mucho más difícil si eras afroamericana.

En 1935, **WILLA BROWN** se convirtió en la primera mujer afroamericana en recibir una licencia de piloto en los Estados Unidos.

PATRICE WASHINGTON nació en Bahamas y se convirtió en la primera mujer piloto de Bahamasair en 1984. En 1988, se convirtió en la primera mujer negra, piloto de avión, que trabajó para UPS.

En 1992, **MAE JEMISON** se convirtió en la primera mujer afroamericana en viajar al espacio. Durante la misión STS-47, Mae trabajó como especialista en misiones científicas. Estuvo a cargo de cuarenta y cuatro experimentos durante los ocho días que la tripulación permaneció en el espacio.

Mae Jemison

Los movimientos de alas y músculos de las abejas también les permiten volar hacia atrás. ¿Quién más puede volar hacia atrás?

¿Los aviones? No.

¿Los cohetes? No.

¿Las aves? La mayoría no.

El 99 porciento de las aves solo pueden volar hacia adelante. Pero los colibríes son diferentes. Ellos pueden torcer y girar sus alas como las abejas, de modo que pueden volar en todas las direcciones. ¡Hacia adelante! ¡Hacia atrás! ¡Hacia arriba! ¡Hacia abajo! ¿Qué más puede volar en todas las direcciones?

¡Un helicóptero! Un helicóptero usa paletas delgadas que giran para volar. Así como las alas de los aviones, las paletas de los helicópteros son superficies aerodinámicas. Son curvas por encima y planas por debajo. Estas paletas forman un rotor. Cuando los rotores giran, generan fuerza. ¡Es una vuelta! Esto se llama **momento de fuerzas**.

¡UN PILOTO DE VERDAD!

Brian Cunningham es un piloto de helicóptero de la Marina estadounidense. ¡Tiene casi mil horas en el aire!

¡Guau! ¡Esas son MUCHAS horas!

Los primeros helicópteros no se parecían a los de hoy. ¡Se parecían más a una bicicleta! **PAUL CORNU**, quien inventó el primer modelo de helicóptero, lo llamó su "bicicleta voladora".

Las mujeres volaron helicópteros por primera vez durante la Segunda Guerra Mundial. Pero no fue sino hasta 1979 que **MARCELLA HAYES NG** se convirtió en la primera mujer afroamericana piloto de helicóptero del Ejército de los Estados Unidos. Algunas personas no estaban contentas con eso y le quitaron el derecho a volar un año después. Lamentablemente, ella nunca volvió a montarse en un helicóptero.

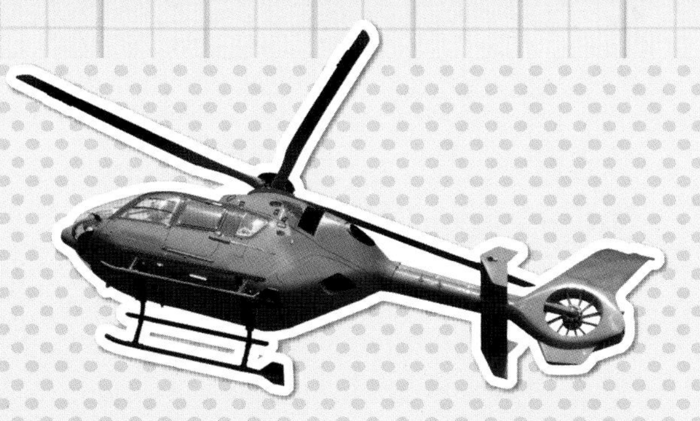

Pero esto no detuvo a otras mujeres de seguir intentando ser piloto de helicóptero. **ANGELA WILLIAMS** fue la primera mujer afroamericana que voló un helicóptero Apache en el año 2000. En 2003, **VERNICE ARMOUR** se convirtió en la primera mujer afroamericana piloto de la Infantería de Marina de los EE. UU. y voló un helicóptero Súper Cobra.

Los helicópteros modernos tienen unos cien años. ¡Pero hace casi dos mil años, pequeños modelos de helicópteros surcaron los cielos en China! Estaban hechos de bambú.

Las abejas y las aves obtienen la potencia de sus músculos. Los aviones, helicópteros y cohetes de sus motores. Las cometas no usan músculos ni motores.

¡Pedro hizo una cometa con forma de tiburón!

¿CÓMO HACEN PARA VOLAR?

¡Las cometas usan las cuatro fuerzas del vuelo!

Las cometas están diseñadas como las alas de los aviones. El aire se mueve rápido encima de ellas creando sustentación. ¿Qué pasa con el empuje? El viento les da el empuje. Si el viento se detiene, las cometas caen al suelo. Las cometas son ligeras, aun así ¡tienen algo de peso!

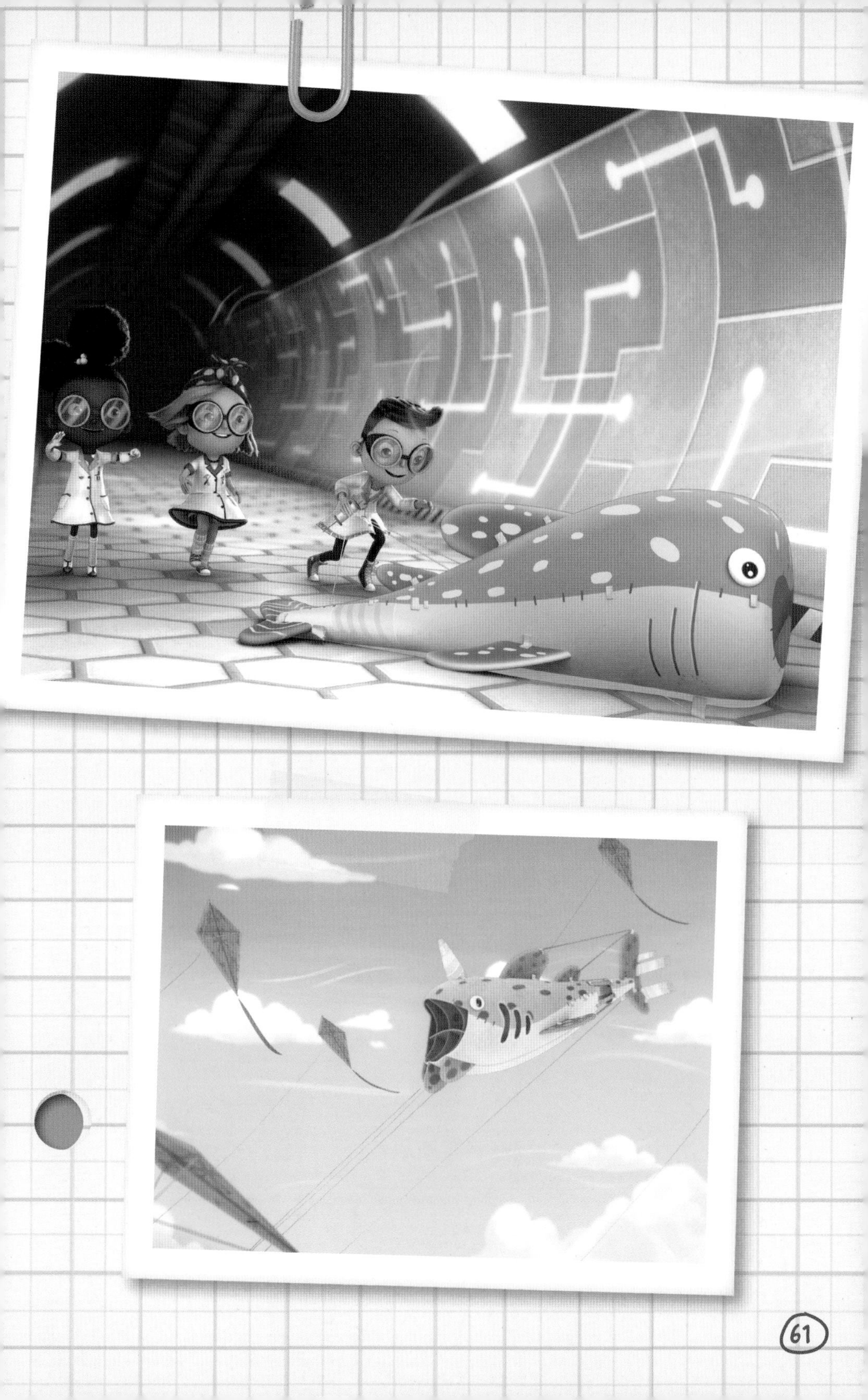

Las cometas fueron inventadas en Asia. Los primeros modelos, hechos en China, fueron confeccionados con bambú. El bambú es ligero, pero fuerte. Hay mucho bambú en China también. Esto lo hace un material perfecto para construir cometas.

¡Los globos de aire caliente
suben, suben, suben...
sin usar el viento!

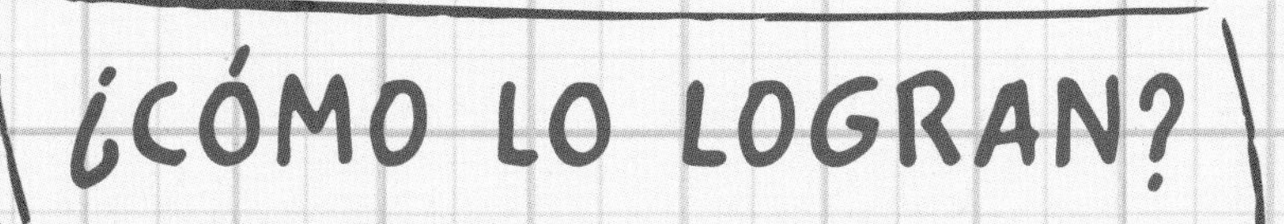

El aire dentro de un globo aerostático se calienta con un mechero. El aire caliente comienza a subir y a empujar el globo hacia arriba. Cuando llega el momento de aterrizar, el piloto abre una ventanilla para que el aire pueda escapar.

En 1783, **PILÂTRE DE ROZIER** y **MARQUIS D'ARLANDES** fueron las primeras personas que volaron en un globo de aire caliente.

Un año después, en 1784, **ÉLISABETH THIBLE** se convirtió en la primera mujer que voló un globo de aire caliente.

230 años más tarde, **LA CAPITANA JOYCE BECKWITH** de Kenia se convirtió en la primera mujer africana en pilotear un globo de aire caliente. Sus pasajeros la llamaban la *Capitana Sonrisas*.

¡Una araña acaba de pasar volando!

¡No me lo esperaba!

Las arañas no tienen alas ni motores ni cohetes.

No tienen la forma de las cometas ni están llenas de gas como los globos.

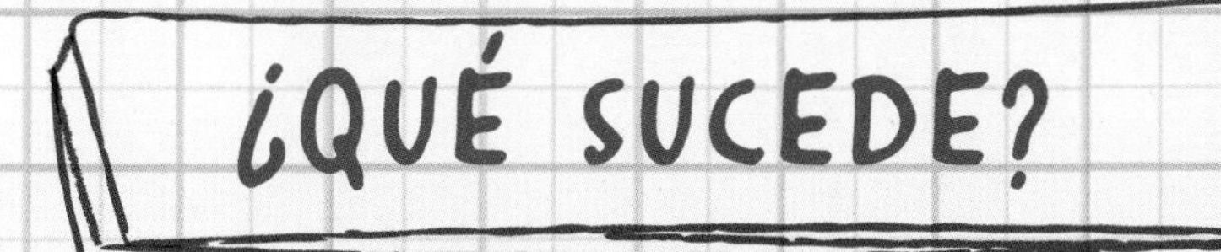

Las arañas no pueden volar como las aves. ¡Pero pueden moverse a través del aire! Las arañas usan hilos de seda para tejer redes y también para ir de un lado a otro. Esto se llama **vuelo arácnido**. En un día cálido y agradable, puedes ver a una araña asomar su trasero en el aire y...

Las arañas usan los hilos de seda para formar un paracaídas triangular. El viento empuja a la araña a su destino.

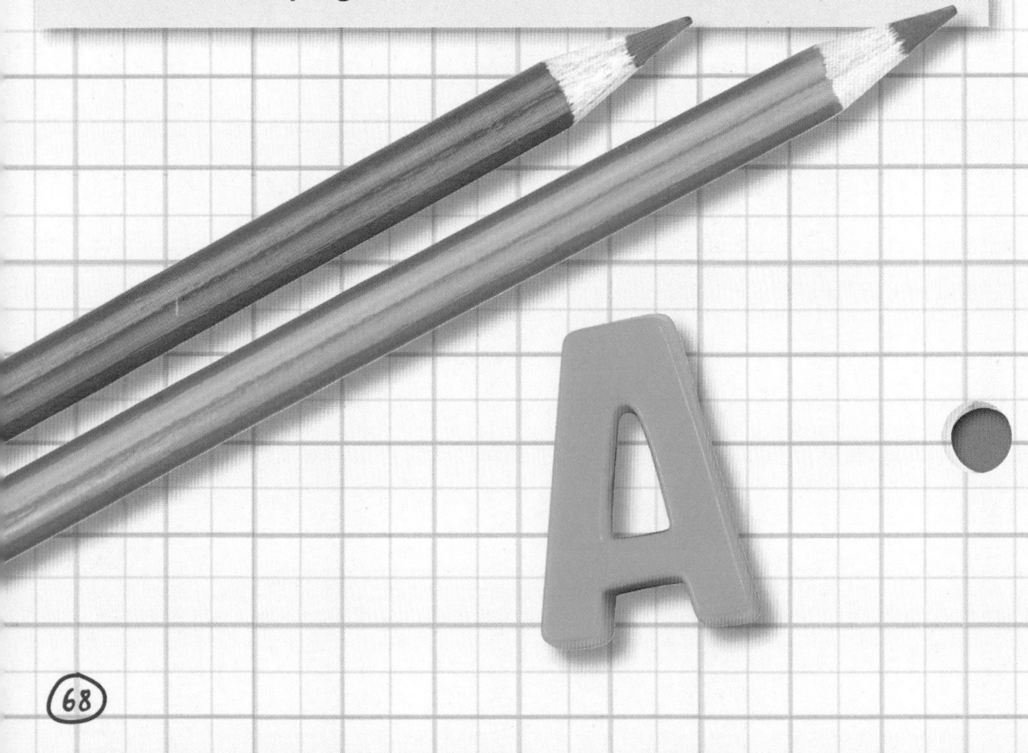

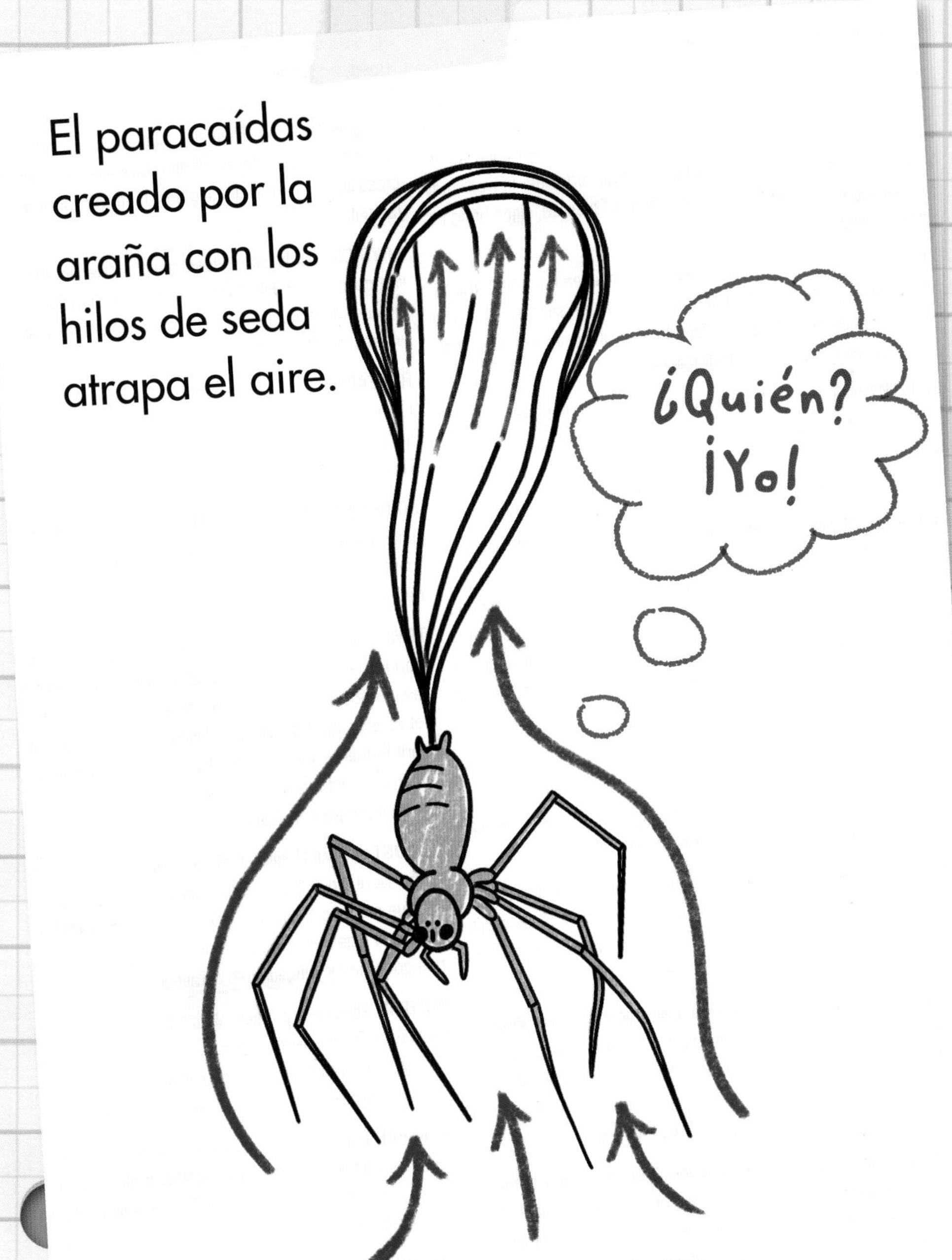
El paracaídas creado por la araña con los hilos de seda atrapa el aire.
¿Quién? ¡Yo!
El aire caliente sube.

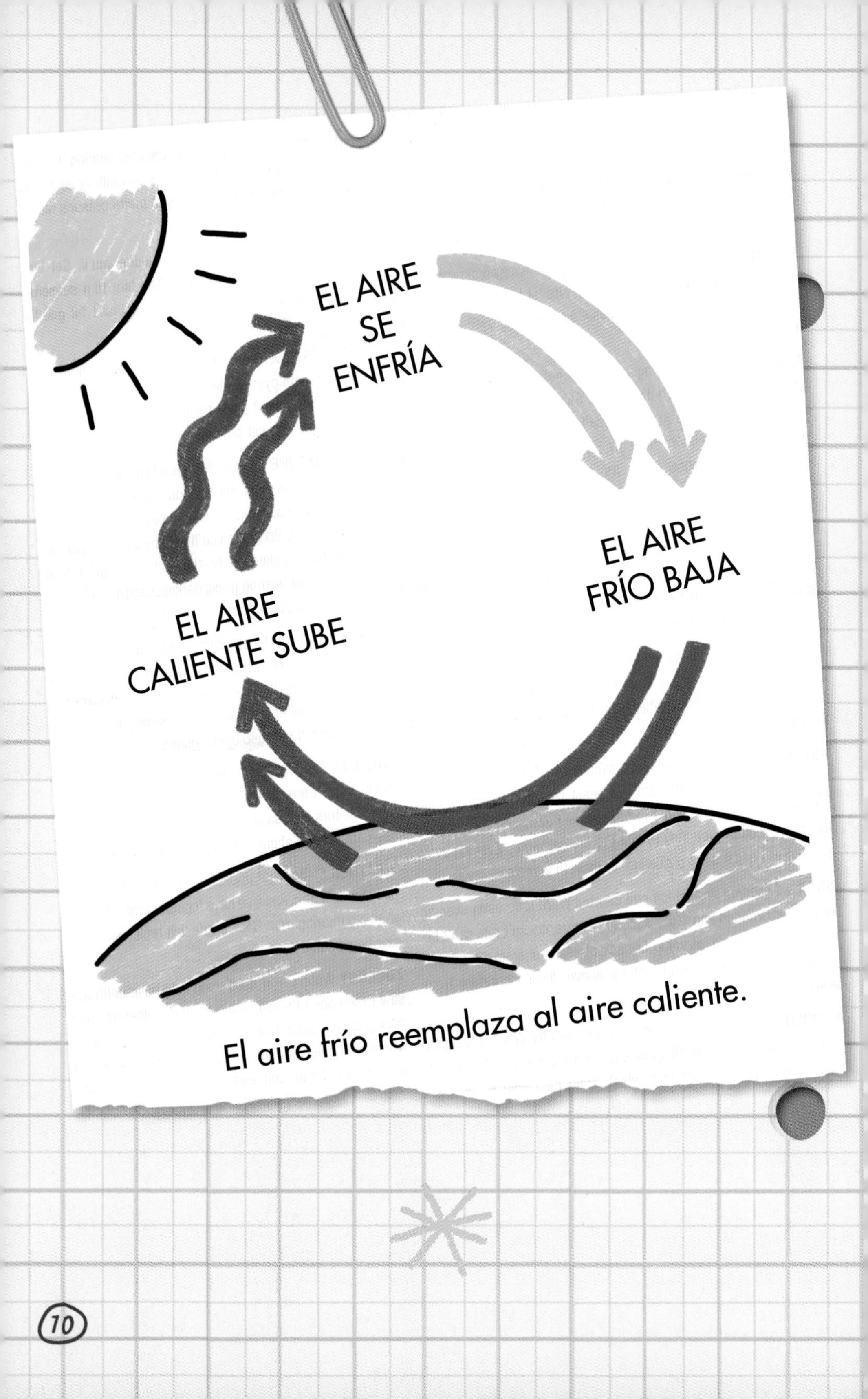

El aire frío reemplaza al aire caliente.

¿Por qué las arañas esperan por un día caliente para volar? Las arañas usan el viento para el empuje y la sustentación. ¡Como las cometas! El aire caliente es más ligero que el aire frío y sube más alto. El aire ligero les permite viajar fácilmente, pues llevan menos peso halándolas hacia abajo.

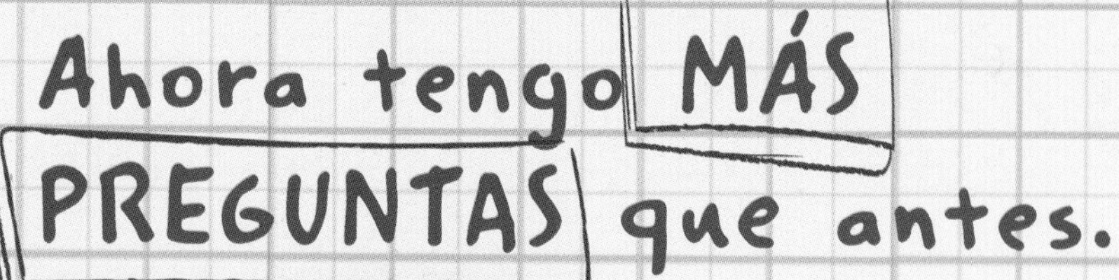

Ahora tengo MÁS PREGUNTAS que antes.

¿Por qué cada pregunta lleva a más preguntas?

¿Es para responderlas que usamos la ciencia?

¡MIS PREGUNTAS!

¿Qué otras cosas vuelan en el aire?

¿Volarán los autos en el futuro?

¿Los pingüinos usan traje de baño?

¿Los pingüinos hablan debajo del agua?

¿A los kiwis les gusta el kiwi?

¿Al kiwi le gustan los kiwis?

¿Las arañas se saludan en el aire?

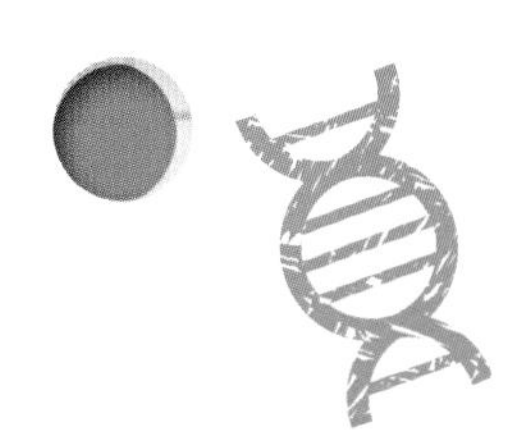

EXPERIMENTOS SIMPLES DE CIENCIA

¡ES RECOMENDABLE QUE LE PIDAS AYUDA A UN ADULTO!

AIRE Y SUPERFICIES AERODINÁMICAS

¿CÓMO ES QUE EL MOVIMIENTO RÁPIDO DEL AIRE CREA SUSTENTACIÓN?

MATERIALES

- Una tira de papel normal para imprimir de una pulgada de ancho y un pie de largo
- Un cuaderno para anotar tus observaciones

INSTRUCCIONES

1. Sostén la tira de papel al nivel de tu boca.
2. ¡Sopla!

¿Que le pasó al papel? ¿En qué dirección se movió? ¿Por qué? Escribe tus ideas.

Puedes suponer que soplar por encima del papel lo empujaría hacia abajo. ¡Pero no! ¡Más bien lo eleva! Esto es debido al movimiento rápido del aire sobre el papel. Cuando el aire se mueve muy rápido crea menos fuerza o presión. Al soplar sobre la tira de papel, hay menos presión por arriba que por debajo. ¡Esto la hace elevarse! ¡Como las alas de un avión o un ave!

¡PODEMOS PROBAR ESTO DE NUEVO CON OTRO EXPERIMENTO!

LA TIENDA DE PAPEL

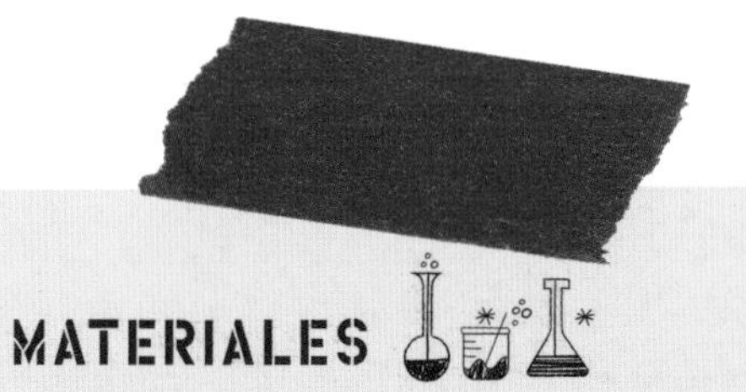

MATERIALES

- Un trozo de papel (de 3 por 4 pulgadas funcionará)
- Una pajilla
- Un cuaderno para anotar tus observaciones

INSTRUCCIONES

1. Dobla el papel por la mitad. Esta es tu tienda.
2. Coloca la tienda sobre algo suave y plano. Puede ser un escritorio, una mesa, ¡o incluso el suelo!
3. Descansa el fondo de la pajilla a un par de pulgadas de la apertura de la tienda.

4. ¡Sopla! Pero no demasiado fuerte.
5. Escribe tus observaciones.

¿Qué le pasó a la tienda? ¿Por qué se cerró? ¡Por la misma razón que se elevó la tira de papel del experimento anterior! Al pasar el aire muy rápido a través de la tienda causó menos presión adentro. La fuerza del aire afuera era mayor que la fuerza adentro. ¡Y la tienda se cerró!

Diseña tu propio experimento para mostrar cómo funcionan el flujo del aire y las superficies aerodinámicas. ¡Investiga!

Andrea Beaty es la autora de la exitosa serie Los Preguntones y de muchos otros libros. Es licenciada en biología y ciencias de la computación. Andrea vive en las afueras de Chicago donde escribe libros para niños y planta flores para las aves, las abejas y los insectos. Aprende más sobre sus libros en AndreaBeaty.com.

La Dra. Theanne Griffith es una científica que estudia el cerebro durante el día y cuenta historias por la noche. Es la investigadora principal de un laboratorio en la Universidad de California–Davis y autora de la serie de aventuras de ciencia *The Magnificent Makers*. Vive en California del Norte con su familia. Aprende más sobre sus libros de ciencia, matemáticas, ingeniería y tecnología en TheanneGriffith.com

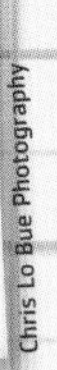

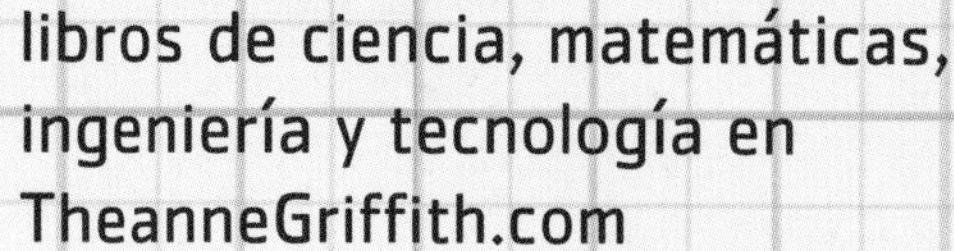

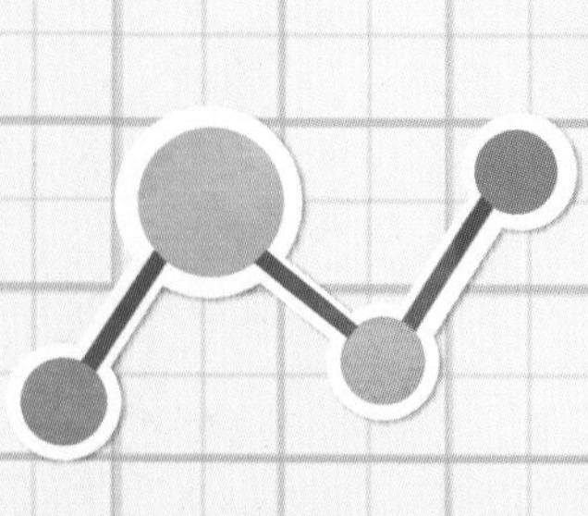